Rose Marie Baron

Zu Gast
bei der Königin von Saba

Rose Marie Baron

Zu Gast bei der Königin von Saba

Vorwort

Auf sechs intensiven Reisen durch den Jemen habe ich ein wenig von den Farben, Klängen und Gerüchen dieses orientalischen Landes in mich aufgenommen.

Ich war zu Gast bei Familien, habe die Lehmarchitektur bewundert, bin durch Berglandschaften und Wüsten gewandert und gefahren und habe die Bläue des Meeres im Süden genossen.

Für meine Erzählung habe ich Shibam ausgewählt, Lehmhochhausstadt im Wadi Hadramaut. Die Fotos sind unabhängig vom Text und in und um Shibam entstanden.

Zu Gast bei der Königin von Saba

Shibam, Jahrhunderte alte Lehmstadt an der jemenitischen Weihrauchstraße, ist voller Geschichten. Vor allem die Frauen, draußen verhüllt und nicht erkennbar, wissen viel zu erzählen.

In diesen Tagen treffen sich Fatma, Sālima, Nabila und Sharifa abends reihum auf ihren Dächern, hoch über den engen Gässchen voller Unrat, in dem Ziegen nach Essbarem stöbern. Es ist die Zeit für das Abendgebet. Der Gesang des Muezzins hallt wider von den steilen Felswänden des Wadi Hadramaut.

Die Frauen treffen sich nicht zum Gebet, o nein! Das überlassen sie den Ehemännern. Die sind zur Hadj nach Mekka aufgebrochen

und werden – al hamdu lilah –
für kurze Zeit abwesend sein.
Fatma, Salima, Nabila und Sharifa
wollen reden, lachen, erzählen und
ihre Freiheit genießen!

Heute ist Fatma Gastgeberin.
Aus dem Mafradj, dem Herren-
zimmer, der als Aufbau jedes je-
menitische Dach krönt, hat sie einen
niedrigen Tisch mit reich verzierter
Messingplatte geholt und ausrei-
chend weiche Brokatkissen rings-
herum auf den alten Teppich gelegt.
Es duftet nach Zimt und Kardamom.
Im Schein einer Öl-Lampe glitzert
die silbrige Teekanne, und Gewürz-
plätzchen laden zum Naschen ein.
    Nabila kommt als erste, etwas
außer Atem von den vielen Treppen-
stufen, mit Datteln aus Tarim, wo

ihr Onkel einen Oasengarten hat.
"Salam, Fatma! Ich lass mich gleich auf deine schönen Kissen fallen! Bin heut schon so oft bei mir die Treppen hoch und runter gerannt, hab Wäsche heute."
Da hört man schon die Stimmen von Sharifa und Sālima. Sharifa lacht ihr etwas raues Lachen, und beide keuchen die letzten Stufen hoch, als gerade der Fast-Vollmond über dem Ostrand des Wadis erscheint. Zwei schwarze Nikab-Schleier fallen von ihnen ab, und mit einem glücklichen Seufzer lassen sie sich nieder.
Nabila streckt Sālima und Sharifa die Arme entgegen.
"Seid gegrüßt, meine Schwestern! Ich muss euch unbedingt was erzählen! Fatma hab ich auch noch

nichts gesagt. Ihr wisst doch, dass meine Mutter seit Wochen kein Wort mehr spricht, eigentlich seit sie bettlägerig ist. Sehr gesprächig war sie ja sowieso nie. Aber heut Morgen rief sie mich plötzlich aus dem Schlafzimmer.

»Nabila, bitte komm herein!
Ich hatte einen Traum von ganz früher und möchte dir etwas aus meinem Leben erzählen.
Setz dich, und hör mir zu!
Als ich jung war, gab es nur wenige Fremde in unserem Land.
Und da kam eines Tages wirklich ein Ausländer in unser Haus!
Abdul, mein ältester Bruder – du hast ihn nicht mehr kennengelernt, er starb vor deiner Geburt – also Abdul hatte ihn auf der Straße getroffen und zum Essen

eingeladen. Was glaubst du, wie aufgeregt wir alle waren, wir Schwestern, Cousinen und auch die Tanten!
Ob wir ihn zu Gesicht bekommen würden? Ich schlich mich die halbe Treppe hoch, und da sah ich ihn im Salon auf dem Teppich sitzen! Kannst du dir vorstellen, gelbe Haare bis fast auf die Schultern und eine Stimme wie eine Melodie. Er sprach Englisch mit meinem Bruder. Ich hörte das Wort 'Germany' - du weißt ja, ich hatte damals einen Privatlehrer, der mir etwas Englisch beibrachte.
Mit klopfendem Herzen tastete ich mich in dem dunklen Gang noch etwas näher. Aber da kam mein Vater, brüllte, ich solle verschwinden!
Der Fremde wandte seinen Blick unwissentlich in meine Richtung, und ich sah ganz kurz in seine leuchtend

blauen Augen! Ich versteckte mich in einer dunklen Ecke, und dann wollte es das Schicksal, dass der Fremde auf dem Weg zum Hamam an mir vorbeikam und mich entdeckte! Ich hätte im Boden versinken können, war aber gleichzeitig überwältigt. Er blieb stehen, lächelte und flüsterte 'What's your name?' und dann 'Let's meet in the wadi hinter den Bäumen tomorrow 5 o'clock!' Meine Knie wurden ganz weich, und ich nickte.

Frühzeitig am nächsten Morgen bemalte ich meine Hände mit Henna, auf jeden Finger einen Stern und auf den Handrücken eine Rose. Sogar mit links schaffte ich das! Niemand durfte es sehen, es war ja keine Hochzeit und auch nicht das Opferfest.

Ich versteckte die Hände in den Falten meines Kleides, und am Nachmittag schlich ich mich aus dem Haus, gut geschützt in der schwarzen Verhüllung. Draußen im Wadi war niemand, es war sehr heiß. Aber dann erblickte ich eine Gestalt hinten neben einer Akazie.

War er's? Da bewegte er sich mir entgegen. Sein Kopf war dunkelblau umhüllt, aber ich sah beim Näherkommen ein Stück von seinem weißen Gesicht. Er streckte mir die Hände entgegen.

'Aisha?'

Ich wagte natürlich nicht, meinen Gesichtsschleier abzunehmen.

Er ergriff meine Hände und bestaunte den Hennaschmuck. Leider verstand ich seine Worte nicht.

Dann beugte er sich und berührte

mit seinen Lippen die Rose auf meiner rechten Hand.
Mein Herz klopfte wie ein Specht an einen Baumstamm, und ich flüsterte zitternd: 'Your name?'
'Leo' sagte er und küsste auch die Rose auf meiner linken Hand. Dann zog er aus seiner Jackentasche einen silbernen Armreif – ich hab ihn heute noch – und schob ihn über mein rechtes Handgelenk. Gut, dass er nicht sah, wie ich errötete. Doch dann bat er:
'Please lift your veil for a moment!'
Ich hob meinen Gesichtsschleier, kam mir sehr, sehr mutig vor. Seine Augen lächelten.
Dann – ich weiß nicht mehr, wie das alles war, es ist ja unendlich lange her – ich verstand jedenfalls, er werde am nächsten Tag um die gleiche Zeit

mit einem Kamel auf mich warten, wieder hier. Er habe sich für ein paar Tage ein Tier ausgeliehen und wisse auch, wie man ein Kamel reitet. Ob ich Lust hätte, einen kleinen Ritt mit ihm zu machen? Ich war begeistert, hatte aber auch große Angst! Kein Mädchen darf ein Kamel reiten, das weißt du ja!
Er werde mich gut festhalten.
Jedenfalls als ich nach Hause kam, stand Abdul an der Tür.
'Wo bist du gewesen?'
Ich antwortete blitzschnell:
'Mariams Mutter ist krank, ich hab ihr etwas Gesellschaft geleistet.'
'Ich krieg schon raus, ob das stimmt,' drohte er mir. «
Da verstummte meine Mutter ganz plötzlich. Sie drehte sich zur Wand. Ich wartete, aber sie sagte nichts mehr."

"Na, ob das gut ausgeht?" Fatma schenkt neuen Tee ein und reicht die Keksschale herum.
"Hier, kostet mal von den Kardamomplätzchen. Ich hab das Rezept extra für euch erfunden."
Der Mond steht hoch über den Frauen und beleuchtet ihre Gesichter. Vom Nachbardach tönt leise Lautenmusik.
"Das ist der alte Mansour mit seiner Oud. Er ist fast blind."
Nabila schlürft den Tee aus dem Glas und räuspert sich.
"Heut mittag nach ihrem Schläfchen rief mich meine Mutter wieder zu sich.
»Jetzt muss ich dir von der Katastrophe erzählen. Der Kamelritt, mein erster und einziger, dauerte nur wenige Minuten. Leo wartete schon auf mich mit einem weißen Kamel.

Es lag im Sand des Wadis und schaute hochmütig von seinem langen Hals in die Weite hinaus. Auf dem Sattel lag eine blaue Decke mit bunten Mustern. Leo, in schwarzer Pumphose, blauem Kittel und dem selben Tuch wie am Vortag um den Kopf, empfing mich mit einem Lachen.
'Salam Aisha, come along!'
Er schwang sich auf den Sattel und half mir, dass ich vor ihm zu sitzen kam. Sogleich erhob sich das Kamel, zuerst mit den Hinterbeinen, dann mit den Vorderbeinen. Ich schrie auf vor Schreck, aber Leo hielt mich gut fest.
Und dann ging's los!
Mir wurde schwindelig. Die Höhe, das Schaukeln — so ein Kamel geht ja sehr merkwürdig — und vor allem Leos Hände, die meinen Leib umfassten, diese Berührung, wenn auch durch

mehrere Stoffschichten, ließ mich zittern von Kopf bis Fuß!
Ich wusste nicht, sollte ich's genießen oder mich schämen – aber zu einer Entscheidung kam ich nicht.
Denn da sprangen hinter einem Fels Männer hervor, Abdul war dabei. Sie schrien 'aib! Schande!' und stellten sich dem Kamel in den Weg. Abdul zerrte mich herunter, zerriss meinen Gesichtsschleier und schlug mich ins Gesicht. Dann fasste er mich grob am Arm und schob mich vor sich her.
'Hure!' zischte er.
Ich schaute mich kurz um und sah meinen Vater. Er brüllte Leo an und schüttelte ihn. Das war das letzte, was ich von Leo gesehen habe.
Zu Hause sperrte mich Abdul in mein Zimmer ein. Tagelang bekam ich

nur Wasser und Brot, musste dann im Haus alle Putzarbeiten machen. Niemand sprach mit mir, bis eines Tages Mutter kam und befahl, ich solle mich für einen wichtigen Besuch gebührend anziehen und auf Geheiß Tee servieren. Die Augen niederschlagen und auch beim Beantworten eventueller Fragen die Augen auf den Boden gerichtet lassen.
Es war furchtbar!
Die feine Dame, eine Heiratsvermittlerin, begutachtete mich wie ein Stück Vieh. Sie fasste mich am Arm, drehte mich vor und zurück, schaute mir von nahem ins Gesicht, und es hätte nicht viel gefehlt, dass sie mir den Mund aufgemacht und die Zähne geprüft hätte!
Na ja, nach zwei Monaten fand

die Hochzeit statt. An diesem Tag sah ich ihn, deinen Vater, zum ersten Mal.
Das Abenteuer mit Leo aus dem fernen Deutschland bereue ich nicht, wenn es mir auch Schläge und Strafen eingebracht hat. Ich hoffe, er hat eine gute Frau gefunden.
Übrigens im Traum letzte Nacht hat er mich gefragt, ob ich mit nach Deutschland kommen möchte, und ich wollte JA sagen, aber da bin ich aufgewacht.«
Meine Mutter schloss die Augen und schwieg. Seitdem hat sie kein Wort mehr gesagt."
Sālima ist aufgestanden. Ihr schwarzer Mondschatten liegt quer über dem Messingtisch. Sie seufzt:
"So einen Leo hätte ich mir auch

gewünscht, aber für etwas länger!"

Am nächsten Abend hängt die Schwüle des Tages mit schweren Tüchern von den Wolken herab auf Sālimas Dach.
Sālima wischt sich Schweiß von der Stirn und holt den niedrigen Holztisch aus der Ecke. Er ist verstaubt, aber darunter kommen helle Intarsien zum Vorschein.
Wegen der Hitze hat sie Limonensaft gemacht und Mandarinen und Papayas gekauft.
Als Sharifa schwer atmend hoch kommt, sind die anderen Frauen schon da. Fatma hat sich lang auf dem Teppich ausgestreckt und schaut in den sternenlosen Himmel. Nabila lutscht an einem Stück Papaya.
"Da bist du ja endlich!"
"Ach, ich musste ja Walla erst ins

Bett bringen."
"Wieso?" Sãlima schaut erstaunt auf Sharifa.
"Wieso musst du Walla ins Bett bringen? Ist sie nicht schon vierzehn?"
"Also, wenn ihr wüsstet, was heute passiert ist! Walla kam nicht wie sonst gegen 16h aus der Schule. Ich wurde immer unruhiger und wollte gerade bei Mariam, ihrer Freundin anrufen, ob sie dort sei, aber da kam Walla – ob ihr's glaubt oder nicht – angeschwankt, und ich sah Katreste zwischen ihren Zähnen."
"Ach du meine Güte! Wie kann das sein?"
"Also ich hab' mittlerweile mit Mariams Mutter telefoniert. Sie haben vorhin ihre Tochter halb schlafend in ihrem Zimmer gefunden, und inzwischen wissen wir, was passiert

ist. Die Schule war heut eher aus, und da ist Walla mit zu Mariam nach Hause gegangen. Dort fanden sie im Flur eine große Portion Kat vor, die Mariams Onkel für sich und einen Freund gekauft hatte. Und da haben die zwei Damen die Idee gehabt, es mal für sich auszuprobieren. Sie haben einen großen Teil der Zweige mit in Mariams Zimmer genommen und die Blättchen gekaut und peu à peu in die linke Backe geschoben.

Diese gebeulten linken Wangen kennt man ja zur Genüge bei unseren Männern. Noch gestern auf dem Gewürzmarkt hat mir der Verkäufer mit so einem verbeulten Gesicht und glasigen Augen Kardamom und Kurkuma verkauft.

Für das Geschäftliche brauchte er dann sein Söhnchen. Dazu war er nicht mehr in der Lage – das nur nebenbei.

Zurück zu Walla und Mariam. Ihr Onkel war natürlich furchtbar wütend, als er nur noch Reste vorfand! Arme Mariam!"

"O, ob das meine Iman auch schon probiert hat?" Fatma hat sich aufgesetzt, und ein wenig muss sie sich das Lachen verbeißen.

"Also ich denke, das hättest du gemerkt. So wie Walla sich benommen hat, das kann man nicht übersehen!"

"Erzähle!"

"Der Türklopfer ging ganz leise. Fast hätte ich ihn nicht gehört. Walla klopft sonst kräftig an. Also ich öffne die Tür. Da steht Walla mit

unruhigen Augen und hält sich mit beiden Händen am Türrahmen fest. Ich sag: Walla, was ist passiert? Sie murmelt etwas, wankt an mir vorbei in den Flur und wäre zusammengesackt, wenn ich sie nicht aufgefangen hätte.
-Da, da ist sie! Weg, schwarzes Biest, nicht auf meine Schulter! Lass, lass mich!-
Ich hab sie vorsichtig zu ihrem Bett geführt. Gott sei Dank ist Osman nicht da! Ich weiß nicht, was er mit ihr gemacht hätte. Vielleicht hätte er sie niedergeschlagen!"

"Na, mal langsam!" Nabila stellt ihr Glas auf den Tisch. "Haben wir nicht alle früher mal Kat ausprobiert? Schläge hat's gegeben und eine ordentliche Standpauke. Aber

dann war's wieder gut."
"Ja." Sharifa atmet tief aus. "Ihr wisst ja, wie jähzornig Osman ist. Also ich hab Walla ins Bett gebracht. Nach einer Weile beruhigte sie sich und schlief ein. Ich bin noch etwas bei ihr sitzen geblieben, und als ich merkte, dass sie fest schlief, bin ich runtergegangen, um mir einen Kaffee zu machen.
Da hör ich plötzlich Gitarrenklänge, etwas schräg und schrill. Ich stürze nach oben. Da steht meine Tochter in Unterwäsche und hat Osmans Gitarre im Arm! Singt irgendeinen Song und schlägt die Saiten dazu. Als sie mich sieht, lässt sie das Instrument fallen! Krach! Es landet vor meinen Füßen, und ich sehe einen schlimmen Riss im Holz!

Jetzt wird's ernst! Osmans kostbare Gitarre kaputt! Da wird er wohl die ganze Geschichte erfahren. Es sei denn, ich erfinde einen anderen Grund, wie das passiert ist."
"Würde ich machen," sagt Fatma.
"Das arme Mädchen!"
"Ja, du hast recht. Ich hab solche Angst gehabt. Als sie die Gitarre fallen ließ, fing sie wieder zu fantasieren an. — Mariam, Hilfe! Der Kopf... lass los — ich weiß nicht mehr, was sie noch alles gestammelt hat, und dann fing sie an zu weinen. Ich bin an ihrem Bett geblieben und hab ihre Hände gehalten. Nach einer ganzen Weile ist sie — Allah sei Dank — wieder eingeschlafen.
Nun bin ich hier bei euch. Hoffentlich gibt's keine neue Katastrophe! Ich hab Amina gebeten, bei Walla am Bett

zu bleiben und mich sofort anzurufen, wenn es Probleme gibt."
"Sharifa, komm, iss noch eine Mandarine und entspann dich." Sālima streicht Sharifa über die Schulter. "Und schau, die Wolken reißen auf, und ein paar Sterne leuchten auf uns. Morgen wird Walla wie immer zur Schule gehen, und die Gitarre bring zu meinem Bruder. Ich glaub, er kann sie wieder heil machen."

Spät in der Nacht, als Fatma, Nabila, Sharifa und Sālima längst in tiefem Schlaf liegen, zucken erste Blitze. Das Grollen kommt näher, und bald hallen heftige Donnerschläge durch das Wadi Hadramaut. Die Felsen werfen die Schläge hin und her. Regen prasselt hernieder, und am Morgen ist aus dem Wadi ein reißender Strom geworden. Er fließt den ganzen Vormittag in hoher Geschwindigkeit an Shibam vorbei.
Kinder jubeln.
Am Nachmittag sackt das Wasser langsam ab, und zu Sonnenuntergang ist das Wadi wieder leer.

An diesem Abend ist Nabila Gastgeberin. Auf ihrem Dach steht noch eine runde Pfütze.

Als es dunkel ist, lässt Nabila ein paar Kerzen in Holzschälchen auf dem Wasser schwimmen.
Fatma kommt als erste hoch.
"O Nabila, wie schön! Wenn wir schon keine Sterne am Himmel haben, so sind deine schwimmenden Lichter ein wundervoller Ersatz!"
Da erscheinen auch Salima und Sharifa.
"Salam, ihr Lieben! Welch friedliches Bild nach dem Getöse der letzten Nacht! Mir brummt noch jetzt der Kopf!" Sharifa hockt sich an den Pfützenrand und betrachtet die kleinen Lichtschiffe. Salima schiebt sich ein Kissen an das Pfützenufer gegenüber. Auch Fatma lässt sich am Wasser nieder.
"Gut," Nabila schiebt Nüsse, Datteln und die Teegläser in die Nähe der

Freundinnen, "dann ist das Wasser jetzt unser Tisch."
"Mit langsam tanzenden Kerzen," sagt Sharifa lächelnd.
"Soll ich euch was zum Thema Wasser erzählen, was ich als Kind erlebt habe?" Fatma schiebt sich ein zweites Kissen unter und langt nach einer Dattel.
"Wir waren arm, wohnten in einer Schilfhütte nicht weit vom Wadi entfernt, hier auf der Stadtseite. Ihr wisst ja, dass ich nur vier Jahre in die Schule gehen durfte. Ich war sehr unglücklich, aber es half nichts. Ich musste von da an die Ziegen hüten. Meine Brüder sind natürlich weiter zur Schule gegangen. Deine Walla, Sharifa, kann von Glück sagen, dass sie mit vierzehn noch zur Schule gehen darf!"

"Das hab ich bei Osman durchgesetzt. Übrigens ist sie heut morgen wieder ganz normal zur Schule gegangen. Aber sie war sehr still, und ich hab auch wegen gestern nichts gesagt."
Fatma lächelt. "Jetzt ist sie einfach um eine Erfahrung reicher. Aber ich wollte euch ja von meinem Wasser-Erlebnis erzählen.
Nach den vier Schuljahren waren unsere Ziegen meine täglichen Begleiter. Ich war meist auf der anderen Seite des Wadis. Dort gab es mehr Grün, und ich hatte eine Höhle in den Felsen, wie ein kleines Zimmer. Wenn es heiß war, konnte ich darin verschwinden.
An besagtem Tag verdunkelte sich der Himmel, und binnen Minuten goss es wie aus Eimern.
Ich flüchtete unter meinen Felsen.

Die Ziegen standen starr und ließen sich das Wasser übers Gesicht laufen. Ich fand es lustig, wie sie mit ihren Zungen das kostbare Nass in sich hinein leckten!
Es war ein Rauschen in der Luft. Vor mir flossen Rinnsale in Richtung Wadi. Doch auf einmal nahte sich ein Brausen und Tosen, so wahnsinnig, dass ich in den Regen hinaus lief – eine Flutwelle raste heran, und im Nu war das Wadi ein gewaltiger Strom."
"So wie heut morgen." Sälima schiebt ein Kerzchen wieder ins tiefere Wasser. "So friedlich wie dieser winzige See hier war das heute nicht. Bei dem Getöse hätte ich nicht draußen sein wollen."
"Ja," Fatma langt nach ein paar Nüssen und rückt ihre Kissen zurecht.

"Ich hatte vielleicht eine Angst - der Weg nach Hause versperrt, das war mir noch nie passiert, und ich hatte Hunger und Durst, wusste nicht, wie lange das dauern würde.
Ich versuchte, völlig durchnässt, die Ziegen vom Wasser weg zu treiben - dass bloß keine mitgerissen würde! Und was da alles angetrudelt kam, Sträucher, halbe Bäume, ein Stuhl sogar!
Als der Regen nachließ, kamen drüben meine Brüder und ein paar andere Jungen angerannt und fingen an, in Ufernähe herum zu plantschen. »Fatma, komm rüber!« schrien sie gegen das Tosen an.
Ich war damals wütend über meine Brüder, wütend auf mich selbst, weil ich aus meiner Lebenssituation nicht heraus konnte. Ich hab mich immer

mal wieder gefragt, ob ich lieber als Junge auf die Welt gekommen wäre."
Die Frauen schweigen.
Zwei Kerzen sind erloschen. Nabila holt neue und lässt sie auf dem Wasser leuchten. Fatma pustet leicht über die Pfütze und bringt die Lichtschiffchen in Bewegung.
"Wisst ihr, ich war da draußen immer allein, hatte niemanden zum Sprechen. Dafür besaß ich ein blaues Schulheft, versteckt in der hintersten Ecke der Höhle.
Das war mein Schatz.
Ich vertraute ihm alles an, so gut es ging mit nur vier Schuljahren.

An diesem Nachmittag, als ich so abgeschnitten und besonders allein war, schrieb ich etwas ins Heft, und ich weiß die Worte noch heute:

Ich möchte ins Wasser springen
ohne Kleid.
Im Wasser fließen wie die Büsche.
Wasser an meinem Bauch.
Wasser zwischen den Beinen.
Wasser in den Haaren.
Und alle sollen es sehen.

"Das sind ja mutige Worte, Fatma!"
Salima versucht gerade, den Docht
einer heruntergebrannten Kerze noch-
mal aufzurichten. Aber das Licht
ertrinkt im flüssigen Wachs.
"Ja, meinem Heft konnte ich alles an-
vertrauen. Ich habe die Worte einmal
laut aus mir heraus gerufen, aber sie
gingen im Fließen und Rauschen un-
ter.
Dann habe ich das Heft wieder hinten
in die Ecke geschoben.
Der Regen war nun abgezogen.

Meine Brüder und ihre Freunde hatten wohl genug vom Plantschen und verschwanden irgendwohin.

Dann bin ich ans Ufer getreten, hab mein Kleid etwas hochgerafft und bin mit den Füßen ins Wasser gegangen. Die Wellen umtänzelten meine Waden, und ein glückliches Prickeln durchströmte mich.
Langsam sank der Wasserspiegel, und irgendwann konnte ich mit den Ziegen durch das schlammige Wadi nach Hause stapfen.
Meine Mutter wartete draußen mit einem großen Becher Milch und einem Fladenbrot. Danach holte sie mir die gelbe Plastikschüssel, füllte sie halb, und ich nahm mein dringend nötiges Fußbad.
Meine Brüder, sauber von Kopf bis

Fuß, rannten mit frischen Galabiyas herum.
In einem ruhigen Moment fragte ich meine Mutter, warum ich kein Junge geworden sei. »Weil ich dich so haben wollte, wie du bist.«"
Auf dem Wasser schwimmen noch die zwei letzten Kerzen. Ihr Licht spiegelt sich in den Augen der Frauen.

Nach der gestrigen Flut und den Wolkenmassen breitet sich heute ein dunkelsamtener Himmel über dem Wadi Hadramaut aus. Sterne glitzern und fallen fast auf Sharifas Dach herunter.

Dort steht Walla und prüft den Stand des Orion. Sie hat am Nachmittag vier kleine runde Kuchen gebacken und mit Zuckerguss die Anfangsbuchstaben ف - fā, ن - nūn und س - sīn für Fatma, Nabila und Sālima geschrieben. Ihre Mutter Sharifa bekommt das Küchlein mit dem و - wāw für »ummi« - meine Mutter. Zusätzlich braucht sie für ihren Plan noch drei goldgelbe Limetten.

Sharifa ist zum Glück schon den ganzen Nachmittag wegen der Gitarrenreparatur unterwegs und ist noch nicht zurückgekehrt. So war Walla ungestört bei der Vorbereitung der Überraschung, die sie sich für den heutigen Abend ihrer Mutter ausgedacht hat.

Nun legt sie die vier Backwerke auf kleinen gelben Tellern genau in der Anordnung der Außensterne des Orion auf den Boden.

Die drei Gürtelsterne stellt sie mit den Limetten dar.

Sie ist gerade fertig, da hört sie Frauenstimmen und Schritte im Treppenhaus.

Leichtfüßig, trotz ihrer rundlichen Figur, kommt Fatma als erste an. Sie hat schon im dunklen Treppenhaus ihren schwarzen Nikab abgenommen und erscheint in einem rot-blau gemusterten Kleid mit Dekolleté.

Nabila und Salima kommen langsamer hinterher, noch ganz verhüllt.
"Nanu? Salam Walla! Vertrittst du heut deine Mutter?" Salima lässt ihren Nikab fallen. Sie streicht ihre langen schwarzen Haare zurück und zieht das kniefreie rote Kleid zurecht.
"Ahlan we sahlan – willkommen Salima, Fatma und Nabila! Ja, ich warte auf meine Mutter."
Nabila entdeckt als erste die Dekoration auf dem Fußboden.
"Was hast du hier ausgelegt?"
Sie hockt sich in ihrer lila Hose und gelben Bluse nieder und liest zufällig das nun, ihren Anfangsbuchstaben.
Fatma überblickt das Ganze und schaut dann zum Himmel.
"Soll das der Orion sein?"

"Ja!" Walla blickt nach oben. "Ich liebe den Orion und hab das für euch gemacht, besonders für meine Mutter. Ich schäme mich ja so vor ihr! Obwohl sie mir alles verziehen hat."
Fatma nimmt sie in den Arm.
"Lass es gut sein! Wir haben alle früher mal Kat probiert. Jetzt weißt du wenigstens, dass es nichts Gutes ist!"
Da hört man Schritte von unten. Walla läuft zur Treppe.
"Salam, Mama!"
Sharifa erscheint mit Gitarre.
"Salam alle zusammen! Al hamdu lilah – Allah sei Dank! Die Gitarre ist wieder heil. Und Osman hat angerufen. Sie kommen alle in drei Tagen zurück."
Ins Schweigen der Frauen tritt Walla zu ihrer Mutter.

"Pack sie mal aus. Ich möchte sehen, ob alles in Ordnung ist."
Sharifa nimmt das Instrument aus der Hülle, und Walla trägt es zur Lampe am Treppenabgang. Sie wendet es hin und her, und dann setzt sie sich.
Zur Überraschung der Frauen greift sie ein paar Akkorde und singt leise einen Song, den die Frauen nicht kennen. Am Ende sagt sie, das habe sie bei Mariam gelernt. Sie gibt die Gitarre an die Mutter zurück.
"Danke, und einen schönen Abend für euch!"
"Halt, Walla!" Fatma weist auf den Orion auf dem Fußboden.
"Schau, Sharifa, was deine Tochter für uns gezaubert hat!"
Sharifa erkennt sofort das Sternbild.

Sie weiß, dass Walla den Orion liebt und nimmt ihre Tochter in den Arm.
"Das ist der schönste Orion, den ich je gesehen habe! Wenn du möchtest, bleib noch eine Weile bei uns."
Alle lassen sich Orion-mäßig nieder. Walla lehnt sich an ihre Mutter.
"Das wāw ist ja auch mein Buchstabe."
Doch die Gürtelsterne, die drei Limetten, sind jetzt dem Untergang geweiht. Sharifa presst sie aus und schüttet den Saft in eine Karaffe mit Wasser.
Salima betrachtet Sharifa und ihre Tochter.
"Wisst ihr eigentlich, dass ich zwei Mütter hatte?"
Sharifa bricht ihren Kuchen in

zwei Teile und reicht Walla das größere Stück.

"Ja, ich weiß, dein Vater hat seine große Liebe geheiratet, die schöne Leila. Aber dann klappte es mit dem Nachwuchs nicht."

"Ach, Leila war so unglücklich deswegen. Mein Vater hat sie sehr geliebt, aber dann hat er sich doch entschieden, eine Zweitfrau zu nehmen. Und da kamen meine zwei Brüder und ich auf die Welt. Leila hat in der Zeit furchtbar gelitten. Und da auch meine Mutter Leila wirklich mochte, hat sie sich entschlossen, mich an Leila sozusagen abzutreten.

Für mich, ich war klein, vielleicht drei, war das keine große Sache. Wir waren ja alle in einem Haus, und je älter ich wurde, desto schöner fand ich das, denn Leila hatte viel mehr Zeit für mich als meine echte Mutter. Die war mit meinen zwei wilden Brüdern vollauf beschäftigt. Ich glaube, Leila war glücklich mit mir.

Sie erzählte mir zum Einschlafen wunderbare Geschichten. Morgens weckte sie mich mit einem kleinen Vers wie »Der Wiedehopf ist vorbei gekommen und hat für dich einen Gruß gesungen.«
Und was haben wir viel gelacht zusammen!
Mein Vater brachte ihr gern großblumige Stoffe aus dem Suq, und dann zauberte sie schönste Kleider daraus für uns beide.
Ich schaute zu, wenn sie sich bis auf die Unterwäsche entkleidete und die Stoffe über ihren schlanken

Körper streifte und hier und da mit einer Stecknadel etwas korrigierte.

"Mein Engel", sagte sie dann, "bin ich jetzt schön wie eine chinesische Blume?"

Immer sagte sie genau diese Worte. Und wenn sie ihre Näharbeit für den Tag beendete, holte sie das Buch mit Bildern und Geschichten aus China, das sie in ihrer Nische bewahrte. Das ferne Land hatte ein Onkel von ihr bereist und dieses Buch mitgebracht.

Die Geschichten konnte natürlich niemand lesen – so eine komische Schrift, das könnt ihr euch nicht vorstellen – aber die Bilder, die haben wir uns so gern angeschaut. Das schönste war eine grüne Wiese, so grün, wie es das hier gar nicht

gibt, und darauf wuchsen Blumen in allen Farben, riesig große Blüten! Ich konnte gar nicht glauben, dass es so etwas Herrliches wirklich gibt!"
"O Sālima!" Walla hat sich die ganze Zeit nicht gerührt. "Hast du das Buch noch?"
"Es liegt in meiner Wandnische. Wenn du möchtest, besuche mich mal nach der Schule, vielleicht gleich morgen, wenn deine Mutter nichts dagegen hat."
"Natürlich nicht." Sharifa streicht Walla eine Haarsträhne aus dem Gesicht. "Aber jetzt ist's Zeit zum Schlafengehen, sonst bist du morgen zu müde in der Schule."
"Leila saïda – gute Nacht," verabschiedet sich Walla, und Fatma sagt nochmal "Shukran – danke für deinen Orion! Und sag mal, warum

magst du den Orion so gern?"
"Wir haben in der Schule mal von einem ganz jungen Kamelhirten gehört. Er hatte sich in der Wüste verirrt.
In der Nacht träumte er, er solle sich das Sternbild mit den drei Sternen in der Mitte suchen und in diese Richtung gehen. So fand er seine Oase wieder. Seitdem war der Orion für ihn das wichtigste Sternbild."
Sharifa fügt hinzu, Wallas größter Wunsch sei es, einmal auf einem Kamel durch die Wüste zu reiten!
O! Nabila denkt an das Abenteuer ihrer Mutter mit Leo!
"Aber nun ab ins Bett, meine Liebe. Leila saïda, und träum von deinem Kamel in der Wüste!"

Salima schüttelt sich. "Also Wüste – ohne mich! Lieber würde ich eine bunte Blumenwiese sehen wie in dem chinesischen Buch. Ich würde barfuß ganz vorsichtig hindurchgehen, dass ich nur kein Hälmchen zertrete, und mich wie im Paradies fühlen!
Dieses Buch von Leila ist mein großer Schatz. Leila lebt ja schon lange nicht mehr. Sie starb, da war ich in Wallas Alter. Eine kurze heftige Krankheit hat sie dahingerafft. Ich war bei ihr, als sie starb. Ihre letzten Worte waren für mich:
»Mein Engel, die Blumen warten auf mich.«"

Ein Tag ist vergangen und ein Abend ohne die Freundinnen. Jetzt steigt ein neuer Morgen aus dem Osten des Wadi Hadramaut auf.
Fatma hat schlecht geschlafen. Noch ein Tag, und dann kommt Hamid aus Mekka zurück. Die Männer kehren heim von der Hadj, in weißer Pilgerkleidung. Hadji Hamid wird er sich nun nennen. Der fromme Mann, der Pilger aus Mekka, wird er jetzt noch öfter in die Moschee gehen, wird er noch mehr beten?
Fatma springt aus dem Bett. Heute ist sie noch frei! Später greift sie zum Telefon, ruft Sharifa, Nabila und Salima an.
Alle drei nehmen ihre Einladung freudig an. Um Festkleidung hat Fatma gebeten, sonst nichts verraten.

Der sonnige Tag geht mit Arbeit im Haus bald zu Ende, und dann erscheinen die drei Frauen bei Fatma auf dem Dach.
Nabilas Lieblingsfarbe ist Lila. Aus dem abgeworfenen schwarzen Nikab ersteht ein lila Seidengewand, eng auf Taille, darüber ein lachendes Gesicht, gekrönt von einer kunstvollen Hochfrisur.
Sharifa hat sich ein rotes Kleid ausgesucht und es mit einem Goldgürtel geschmückt.
Sālima lässt als letzte die Verhüllung fallen.
"Bin ich jetzt schön wie eine chinesische Blume?"
"O Sālima!" Fatma strahlt sie an. "Das ist bestimmt ein Kleid von deiner Mama Leila!"
"Ja, ich freue mich so sehr, dass

mir ihre Kleider passen, ziehe sie aber nur zu ganz besonderen Gelegenheiten an."

Fatma, braun-gelb gewandet mit lebhaften Blitzmustern, schaut zur Tür des Mafradj. Noch ist Hamid nicht zurück, und sie hat es gewagt, sein geheiligtes Dachdomizil für Männer-Katrunden in den heutigen Abend einzubeziehen.

Sie öffnet die Tür, und Mariams Mutter tritt heraus. Sie hält ihre Oud in der Hand. Najma ist für ihr wunderbares Lautenspiel bei den Frauen von Shibam berühmt. Dazu hat sie eine schöne Singstimme.

Nabila, Sharifa und Sālima klatschen erfreut in die Hände. Najma setzt sich und stimmt

lächelnd ihr Instrument. Die vier Frauen nehmen im Halbkreis um die Musikerin Platz auf Fatmas Brokatkissen.
"Danke, dass ich den Abend mit euch verbringen darf!"
Sie beginnt mit einer hellen, fließenden Melodie, und dann rankt sich ihre Stimme um die Töne der Oud.
Die Rose, die am späten Abend aufblüht - das Gedicht eines alten afghanischen Dichters, dieses Lied kennt im Jemen jede Frau.
Und dann rauschen Kaskaden von Akkorden und Melodiefloskeln aus Najmas Händen.
Salima springt als erste auf. Der Rhythmus hat ihr Herz und ihre Füße gepackt. Die Blumen auf ihrem Kleid leuchten im Schein

der Öl-Lampen auf. Sharifa folgt ihr. Golden blitzt ihr Gürtel um sie herum. Aus Fatmas und Nabilas Kehlen steigen Youyous hoch in den Nachthimmel, und dann hält es auch sie nicht mehr auf ihren Kissen.

Wie Mondköniginnen bewegen sie sich auf dem Dach hoch über den dunklen Gassen von Shibam. Zwischendurch serviert Fatma kleine Süßigkeiten, die sie am Nachmittag hergestellt hat. Sie liegen im Mafradj auf dem Messingtablett rund um die in der Mitte eingravierten Rose.

Aber der Tanzrausch lässt nur kurze Pausen zu, und Najmas Repertoire ist unerschöpflich. Als alle endlich doch zurück auf ihre Kissen sinken, erklingt etwas,

was die Herzen noch schneller klopfen lässt: »Hurrija«, das Freiheitslied, das Umm Kultum, die Göttin des arabischen Gesangs, im ganzen Orient berühmt gemacht hat.

Mit Najma singen Fatma, Nabila, Sharifa und Salima, und die Freiheit schwebt durch die Nacht über die Dächer von Shibam und entschwindet ins Wadi Hadramaut.

Inhaltsverzeichnis:

Der Anfang in Shibam	S. 5
Erster Abend	S. 6
Zweiter Abend	S. 20
Dritter Abend	S. 28
Vierter Abend	S. 38
Ausklang mit vielen Tönen	S. 50

Rose Marie Baron — Handgeschrieben

Das neue Buch der Autorin – mit dem Untertitel «Vom Klang der Worte» erschien als Weihnachtsgabe 2011 des Walter-Verlags. Ein erster Block von Geschichten erzählt aus der Wüste Sahara und von den Touareg. Die letzte davon leitet über nach Europa, nach Marseille, und bildet die Brücke zu Erzählungen aus Deutschland und der Schweiz – alle wiederum in der Handschrift der Erzählerin.

Umfang: 125 Seiten. Mit drei Kalligraphien der Autorin.
Farbiger Halbkarton-Paperback-Einband, Format 14,8 x 20,5 cm
ISBN 978-3C-905908-09-1

Das Buch ist vergriffen.

Den Walter Verlag / Meilen gibt es nicht mehr.

Rose Marie Baron — *Die alte Kamelmelodie*

Drei Wüstenmärchen von Rose Marie Baron führen, zusammen mit den meisterhaften Fotografien in Gegend und Kultur der Sahara. Mit geübtem Auge versteht die Autorin es, auch Unspektakuläres und unerkannt am Wegrand Liegendes festzuhalten. Die Texte sind – einem bunten orientalischen Teppich vergleichbar – in ihrer eigenen, charaktervollen und schönen Handschrift faksimiliert wiedergegeben.

Rose Marie Baron bereist seit den Achtziger Jahren intensiv die Wüste, die arabischen Länder Nordafrikas und des Vorderen Orients. Sie befasst sich in Wort und Schrift mit der arabischen Sprache, um den Menschen und ihrer Kultur näher zu kommen.

Umfang: 96 Seiten. 34 ganzseitige, farbige Abbildungen.
Farbiger Karton-Einband, Format 20,5 x 20,5 cm
ISBN 978-3-909149-78-0

Rose Marie Baron
Blaue Schuhe ziehe ich an ...

Das neue Buch – «Blaue Schuhe ziehe ich an ...» erschien im Mai 2016.
Es enthält lebendig erzählte Geschichten und Erlebnisse der Autorin aus der Sahara. Drei Gedichte der Autorin, spiegeln das Erlebte wieder. Auch in diesem Buch unterstreicht die Handschrift der Erzählerin diese einmahligen Erfahrungen.

Umfang: 122 Seiten. Mit 3 Kalligraphien der Autorin.
Farbiger Halbkarton-Paperback-Einband, Format 14,8 x 21 cm
ISBN 978-383-708-3590

Herstellung und Verlag BoD - Books on Demand, Norderstedt

Autorin: Rose Marie Baron
Satz: Handschrift der Autorin
Titelbildgestalltung: Andrea Czogalla
Titelfoto + Fotos: Rose Marie Baron
Portraitfoto: Elfi Dollichon

Mit einer Danksagung an
Frau Marlies Czogalla und Frau Andrea Czogalla,
die mit Ihrer Unterstützung,
dieses Buchwerk ermöglichen.

ISBN: 9783741255779
Herstellung und Verlag: BoD – Books on Demand, Norderstedt